GET STARTED

SOCIAL MEDIA PLANNERS:

01
SAVE TIME

02
HIT AND MAINTAIN GOALS

03
KEEP A CATALOGED
RECORD OF POSTS

04
MAINTAIN CONSISTENT
MESSAGING

Benefits

- Increase brand awareness
- Build engagement
- Sell products or services
- Provide customer service

set S.M.A.R.T. goals

- Specific
- Measurable
- Attainable
- Relevant
- Time-bound

Step 1: Set Daily/Weekly Quota Goals

Pick a rule that works for you. Here are a few examples:

5.3.2 RULE:
- 5 Content from others
- 3 Content from you
- 2 Personal updates

4.1.1 RULE:
- 4 Posts should entertain, educate or offer solutions to problems
- 1 Soft sale
- 1 Hard sale

80/20 RULE:
- 80% Should be useful to your audience
- 20% Should promote you or your business

1/3 RULE:
- 1/3 You and your content
- 1/3 Sharing content
- 1/3 Updates that build your brand

Step 2: Organize General Topics

Use the MONTHLY CALENDAR to determine general topics for each day, each week and each month.

Easy to see an overview of the entire month!

MONTHLY overview

EXAMPLE:

Monthly Topic:
Kitchen Organization

Week 1: Pantry
Week 2: Fridge
Week 3: Cabenits
Week 4: Work Flow

Keep content cohesive and organized.

Step 3: Prep Content

Pick ONE DAY to create and schedule multiple content!

Use these pages to organize and collect everything you need to create engaging content.

SAVE TIME by using online tools to schedule future social media posts!

Step 4: DAILY POSTING

Organize daily posts and keep a record for future review.

TRACK:
    Platform
    Time Posted
    Topic/Content
    Hashtag Group Number
    #Likes
    #Comments
    #Saves
    #Click-through

Easy to track!

Step 5: ANALYZE

Examine in detail what worked, what didn't work and make adjustments for next month.

ANALYZE:
    Followers
    Number of posts
    Best performing
    Engagment
    Reach

SOCIAL MEDIA STRATAGY

MONTHLY overview

SUNDAY	MONDAY	TUESDAY	WEDNESDAY
○	○	○	○
○	○	○	○
○	○	○	○
○	○	○	○
○	○	○	○

THURSDAY	FRIDAY	SATURDAY	NOTES
○	○	○	
○	○	○	
○	○	○	
○	○	○	
○	○	○	

Your Profile:

1: Use a good quality image

2: Describe what you do in the name section

3: Make a clear and simple description

4: Have a call to action and give them an offer

PREP CONTENT

ITEMS NEEDED
(Items for product shots, lighting, backdrops, props, etc...)

○ _____   ○ _____

○ _____   ○ _____

○ _____   ○ _____

○ _____   ○ _____

○ _____   ○ _____

○ _____   ○ _____

○ _____   ○ _____

POPULAR ACCOUNTS WITH SHARABLE CONTENT FOR THE MONTH:

	Company		Topic to share:
○	_____		_____
○	_____		_____
○	_____		_____
○	_____		_____
○	_____		_____
○	_____		_____
○	_____		_____
○	_____		_____
○	_____		_____
○	_____		_____
○	_____		_____

TIK TOK, REELS & STORY PREP

ITEMS NEEDED TO CREATE VIDEOS & STORIES
(props, lighting, backdrops, clothing, etc...)

- ○ _____   ○ _____
- ○ _____   ○ _____
- ○ _____   ○ _____
- ○ _____   ○ _____
- ○ _____   ○ _____

VIDEO IDEAS:

- ○ _____   ○ _____
- ○ _____   ○ _____
- ○ _____   ○ _____
- ○ _____   ○ _____
- ○ _____   ○ _____
- ○ _____   ○ _____
- ○ _____   ○ _____

STORY IDEAS:

- ○ _____   ○ _____
- ○ _____   ○ _____
- ○ _____   ○ _____
- ○ _____   ○ _____
- ○ _____   ○ _____
- ○ _____   ○ _____
- ○ _____   ○ _____

√	Media	Time	Content	Hashtag Group #	#Likes	#Com-ments	#Saves	#Click-through

MONDAY

DATE -----------------

☐								
☐								
☐								
☐								
☐								
☐								
☐								
☐								
☐								
☐								

TUESDAY

DATE -----------------

☐								
☐								
☐								
☐								
☐								
☐								
☐								
☐								
☐								
☐								

WEDNESDAY

DATE -----------------

☐								
☐								
☐								
☐								
☐								
☐								
☐								
☐								
☐								
☐								

THURSDAY

DATE -----------------

☐
☐
☐
☐
☐
☐
☐
☐
☐
☐

FRIDAY

DATE -----------------

☐
☐
☐
☐
☐
☐
☐
☐
☐
☐

TIK TOK, REELS & LIVE for the week

☐
☐
☐
☐
☐
☐
☐
☐
☐
☐

√	Media	Time	Content	Hashtag Group #	#Likes	#Comments	#Saves	#Clickthrough

MONDAY

DATE ------------------

- [ ]
- [ ]
- [ ]
- [ ]
- [ ]
- [ ]
- [ ]
- [ ]
- [ ]
- [ ]

TUESDAY

DATE ------------------

- [ ]
- [ ]
- [ ]
- [ ]
- [ ]
- [ ]
- [ ]
- [ ]
- [ ]
- [ ]

WEDNESDAY

DATE ------------------

- [ ]
- [ ]
- [ ]
- [ ]
- [ ]
- [ ]
- [ ]
- [ ]
- [ ]
- [ ]

THURSDAY

DATE -----------------

- [ ]
- [ ]
- [ ]
- [ ]
- [ ]
- [ ]
- [ ]
- [ ]
- [ ]
- [ ]

FRIDAY

DATE -----------------

- [ ]
- [ ]
- [ ]
- [ ]
- [ ]
- [ ]
- [ ]
- [ ]
- [ ]
- [ ]

TIK TOK, REELS & LIVE for the week

- [ ]
- [ ]
- [ ]
- [ ]
- [ ]
- [ ]
- [ ]
- [ ]
- [ ]
- [ ]

√	Media	Time	Content	Hashtag Group #	#Likes	#Comments	#Saves	#Click-through

MONDAY

DATE -----------------

- [ ]
- [ ]
- [ ]
- [ ]
- [ ]
- [ ]
- [ ]
- [ ]
- [ ]
- [ ]

TUESDAY

DATE -----------------

- [ ]
- [ ]
- [ ]
- [ ]
- [ ]
- [ ]
- [ ]
- [ ]
- [ ]
- [ ]

WEDNESDAY

DATE -----------------

- [ ]
- [ ]
- [ ]
- [ ]
- [ ]
- [ ]
- [ ]
- [ ]
- [ ]
- [ ]

√	Media	Time	Content	Hashtag Group #	#Likes	#Com-ments	#Saves	#Click-through

THURSDAY

DATE -----------------

☐
☐
☐
☐
☐
☐
☐
☐
☐
☐

FRIDAY

DATE -----------------

☐
☐
☐
☐
☐
☐
☐
☐
☐
☐

TIK TOK, REELS & LIVE for the week

☐
☐
☐
☐
☐
☐
☐
☐
☐
☐

√	Media	Time	Content	Hashtag Group #	#Likes	#Comments	#Saves	#Click-through

MONDAY   DATE ------------------

- [ ]
- [ ]
- [ ]
- [ ]
- [ ]
- [ ]
- [ ]
- [ ]
- [ ]
- [ ]

TUESDAY   DATE ------------------

- [ ]
- [ ]
- [ ]
- [ ]
- [ ]
- [ ]
- [ ]
- [ ]
- [ ]
- [ ]

WEDNESDAY   DATE ------------------

- [ ]
- [ ]
- [ ]
- [ ]
- [ ]
- [ ]
- [ ]
- [ ]
- [ ]
- [ ]

√	Media	Time	Content	Hashtag Group #	#Likes	#Comments	#Saves	#Click-through

THURSDAY   DATE ----------------

- [ ]
- [ ]
- [ ]
- [ ]
- [ ]
- [ ]
- [ ]
- [ ]
- [ ]
- [ ]

FRIDAY   DATE ----------------

- [ ]
- [ ]
- [ ]
- [ ]
- [ ]
- [ ]
- [ ]
- [ ]
- [ ]
- [ ]

TIK TOK, REELS & LIVE for the week

- [ ]
- [ ]
- [ ]
- [ ]
- [ ]
- [ ]
- [ ]
- [ ]
- [ ]
- [ ]

√	Media	Time	Content		Hashtag Group #	#Likes	#Com-ments	#Saves	#Click-through

MONDAY

DATE ------------------

- [ ]
- [ ]
- [ ]
- [ ]
- [ ]
- [ ]
- [ ]
- [ ]
- [ ]
- [ ]

TUESDAY

DATE ------------------

- [ ]
- [ ]
- [ ]
- [ ]
- [ ]
- [ ]
- [ ]
- [ ]
- [ ]
- [ ]

WEDNESDAY

DATE ------------------

- [ ]
- [ ]
- [ ]
- [ ]
- [ ]
- [ ]
- [ ]
- [ ]
- [ ]
- [ ]

√	Media	Time	Content	Hashtag Group #	#Likes	#Com-ments	#Saves	#Click-through

THURSDAY

DATE - - - - - - - - - - - - - - - - -

- [ ]
- [ ]
- [ ]
- [ ]
- [ ]
- [ ]
- [ ]
- [ ]
- [ ]
- [ ]

FRIDAY

DATE - - - - - - - - - - - - - - - - -

- [ ]
- [ ]
- [ ]
- [ ]
- [ ]
- [ ]
- [ ]
- [ ]
- [ ]
- [ ]

TIK TOK, REELS & LIVE for the week

- [ ]
- [ ]
- [ ]
- [ ]
- [ ]
- [ ]
- [ ]
- [ ]
- [ ]
- [ ]

MONTHLY analysis

INSTAGRAM

Followers @ Start: _____
Followers @ End: _____
Number of Posts: _____
Best Performing: _____
Interactions: _____
Reach: _____

INSTAGRAM REELS

Best Performing: _____
Interacations: _____

INSTAGRAM STORIES

Best Performing: _____
Interacations: _____
# of LIVE VIDEOS: _____

FACEBOOK

Followers @ Start: _____
Followers @ End: _____
Number of Posts: _____
Best Performing: _____
Interactions: _____
Reach: _____

FACEBOOK STORIES

Best Performing: _____
Interacations: _____

FACEBOOK LIVE

Best Performing: _____
Interacations: _____
# of LIVE VIDEOS: _____

PINTEREST

Followers @ Start: _____
Followers @ End: _____
Number of Posts: _____
Best Performing: _____
Engagement: _____
Reach: _____

TIK TOK

Followers @ Start: _____
Followers @ End: _____
Number of Posts: _____
Best Performing: _____
Engagement: _____
Reach: _____

TWITTER

Followers @ Start: _____
Followers @ End: _____
Number of Posts: _____
Best Performing: _____
Engagement: _____
Reach: _____

OVERALL THOUGHTS:

YOUTUBE

Followers @ Start: _____
Followers @ End: _____
Number of Posts: _____
Best Performing: _____
Engagement: _____
Reach: _____

BRAINSTORM next month

Major Events:	Posting Ideas:

Holidays:	Posting Ideas:

Seasonal Activities:	Posting Ideas:

National Days:	Posting Ideas:

Pop Culture:	Posting Ideas:

Business-related:	Posting Ideas:

MONTHLY overview

SUNDAY	MONDAY	TUESDAY	WEDNESDAY
○	○	○	○
○	○	○	○
○	○	○	○
○	○	○	○
○	○	○	○

MONTH ---------------

THURSDAY	FRIDAY	SATURDAY	NOTES
○	○	○	
○	○	○	
○	○	○	
○	○	○	Content Ideas: 1: Bust common mythes 2: Success story 3: Tutorial
○	○	○	4: Transformation 5: Tricks or Hacks 6: Behind the scenes

PREP CONTENT

ITEMS NEEDED
(Items for product shots, lighting, backdrops, props, etc...)

○ _____	○ _____
○ _____	○ _____
○ _____	○ _____
○ _____	○ _____
○ _____	○ _____
○ _____	○ _____
○ _____	○ _____

POPULAR ACCOUNTS WITH SHARABLE CONTENT FOR THE MONTH:

Company	Topic to share:
○ _____	_____
○ _____	_____
○ _____	_____
○ _____	_____
○ _____	_____
○ _____	_____
○ _____	_____
○ _____	_____
○ _____	_____
○ _____	_____

TIK TOK, REELS & STORY PREP

ITEMS NEEDED TO CREATE VIDEOS & STORIES
(props, lighting, backdrops, clothing, etc...)

- ○ _____
- ○ _____
- ○ _____
- ○ _____
- ○ _____

- ○ _____
- ○ _____
- ○ _____
- ○ _____
- ○ _____

VIDEO IDEAS:

- ○ _____
- ○ _____
- ○ _____
- ○ _____
- ○ _____
- ○ _____
- ○ _____

- ○ _____
- ○ _____
- ○ _____
- ○ _____
- ○ _____
- ○ _____
- ○ _____

STORY IDEAS:

- ○ _____
- ○ _____
- ○ _____
- ○ _____
- ○ _____
- ○ _____
- ○ _____

- ○ _____
- ○ _____
- ○ _____
- ○ _____
- ○ _____
- ○ _____
- ○ _____

√	Media	Time	Content	Hashtag Group #	#Likes	#Com-ments	#Saves	#Click-through

MONDAY

DATE -----------------

☐

☐

☐

☐

☐

☐

☐

☐

☐

☐

TUESDAY

DATE -----------------

☐

☐

☐

☐

☐

☐

☐

☐

☐

☐

WEDNESDAY

DATE -----------------

☐

☐

☐

☐

☐

☐

☐

☐

☐

☐

√	Media	Time	Content		Hashtag Group #	#Likes	#Comments	#Saves	#Click-through

THURSDAY
DATE ----------------

- [ ]
- [ ]
- [ ]
- [ ]
- [ ]
- [ ]
- [ ]
- [ ]
- [ ]
- [ ]

FRIDAY
DATE ----------------

- [ ]
- [ ]
- [ ]
- [ ]
- [ ]
- [ ]
- [ ]
- [ ]
- [ ]
- [ ]

TIK TOK, REELS & LIVE for the week

- [ ]
- [ ]
- [ ]
- [ ]
- [ ]
- [ ]
- [ ]
- [ ]
- [ ]
- [ ]

√	Media	Time	Content	Hashtag Group #	#Likes	#Comments	#Saves	#Click-through

MONDAY

DATE - - - - - - - - - - - - - - - - -

☐
☐
☐
☐
☐
☐
☐
☐
☐
☐

TUESDAY

DATE - - - - - - - - - - - - - - - - -

☐
☐
☐
☐
☐
☐
☐
☐
☐
☐

WEDNESDAY

DATE - - - - - - - - - - - - - - - - -

☐
☐
☐
☐
☐
☐
☐
☐
☐
☐

√	Media	Time	Content	Hashtag Group #	#Likes	#Com- ments	#Saves	#Click- through

THURSDAY

DATE - - - - - - - - - - - - - - - -

☐

☐

☐

☐

☐

☐

☐

☐

☐

☐

FRIDAY

DATE - - - - - - - - - - - - - - - -

☐

☐

☐

☐

☐

☐

☐

☐

☐

☐

TIK TOK, REELS & LIVE for the week

☐

☐

☐

☐

☐

☐

☐

☐

☐

☐

√	Media	Time	Content	Hashtag Group #	#Likes	#Comments	#Saves	#Click-through

MONDAY

☐
☐
☐
☐
☐
☐
☐
☐
☐
☐

TUESDAY

DATE -----------------

☐
☐
☐
☐
☐
☐
☐
☐
☐
☐

WEDNESDAY

DATE -----------------

☐
☐
☐
☐
☐
☐
☐
☐
☐
☐

√	Media	Time	Content		Hashtag Group #	#Likes	#Comments	#Saves	#Click-through

THURSDAY

DATE ----------------

- [ ]
- [ ]
- [ ]
- [ ]
- [ ]
- [ ]
- [ ]
- [ ]
- [ ]
- [ ]

FRIDAY

DATE ----------------

- [ ]
- [ ]
- [ ]
- [ ]
- [ ]
- [ ]
- [ ]
- [ ]
- [ ]
- [ ]

TIK TOK, REELS & LIVE for the week

- [ ]
- [ ]
- [ ]
- [ ]
- [ ]
- [ ]
- [ ]
- [ ]
- [ ]
- [ ]

√	Media	Time	Content		Hashtag Group #	#Likes	#Com-ments	#Saves	#Click-through

MONDAY

DATE - - - - - - - - - - - - - - - - -

☐
☐
☐
☐
☐
☐
☐
☐
☐
☐

TUESDAY

DATE - - - - - - - - - - - - - - - - -

☐
☐
☐
☐
☐
☐
☐
☐
☐
☐

WEDNESDAY

DATE - - - - - - - - - - - - - - - - -

☐
☐
☐
☐
☐
☐
☐
☐
☐
☐

√	Media	Time	Content		Hashtag Group #	#Likes	#Comments	#Saves	#Click-through

THURSDAY

DATE -----------------

- [ ]
- [ ]
- [ ]
- [ ]
- [ ]
- [ ]
- [ ]
- [ ]
- [ ]
- [ ]

FRIDAY

DATE -----------------

- [ ]
- [ ]
- [ ]
- [ ]
- [ ]
- [ ]
- [ ]
- [ ]
- [ ]
- [ ]

TIK TOK, REELS & LIVE for the week

- [ ]
- [ ]
- [ ]
- [ ]
- [ ]
- [ ]
- [ ]
- [ ]
- [ ]
- [ ]

√	Media	Time	Content		Hashtag Group #	#Likes	#Comments	#Saves	#Click-through

MONDAY

DATE - - - - - - - - - - - - - - - - -

- [ ]
- [ ]
- [ ]
- [ ]
- [ ]
- [ ]
- [ ]
- [ ]
- [ ]
- [ ]

TUESDAY

DATE - - - - - - - - - - - - - - - - -

- [ ]
- [ ]
- [ ]
- [ ]
- [ ]
- [ ]
- [ ]
- [ ]
- [ ]
- [ ]

WEDNESDAY

DATE - - - - - - - - - - - - - - - - -

- [ ]
- [ ]
- [ ]
- [ ]
- [ ]
- [ ]
- [ ]
- [ ]
- [ ]
- [ ]

√	Media	Time	Content		Hashtag Group #	#Likes	#Comments	#Saves	#Clickthrough

THURSDAY   DATE -----------------

☐
☐
☐
☐
☐
☐
☐
☐
☐
☐

FRIDAY   DATE -----------------

☐
☐
☐
☐
☐
☐
☐
☐
☐
☐

TIK TOK, REELS & LIVE for the week

☐
☐
☐
☐
☐
☐
☐
☐
☐
☐

MONTHLY analysis

INSTAGRAM

Followers @ Start: _____
Followers @ End: _____
Number of Posts: _____
Best Performing: _____
Interactions: _____
Reach: _____

INSTAGRAM REELS

Best Performing: _____
Interactions: _____

INSTAGRAM STORIES

Best Performing: _____
Interactions: _____
# of LIVE VIDEOS: _____

FACEBOOK

Followers @ Start: _____
Followers @ End: _____
Number of Posts: _____
Best Performing: _____
Interactions: _____
Reach: _____

FACEBOOK STORIES

Best Performing: _____
Interacations: _____

FACEBOOK LIVE

Best Performing: _____
Interactions: _____
# of LIVE VIDEOS: _____

PINTEREST

Followers @ Start: _____
Followers @ End: _____
Number of Posts: _____
Best Performing: _____
Engagement: _____
Reach: _____

TIK TOK

Followers @ Start: _____
Followers @ End: _____
Number of Posts: _____
Best Performing: _____
Engagement: _____
Reach: _____

TWITTER

Followers @ Start: _____
Followers @ End: _____
Number of Posts: _____
Best Performing: _____
Engagement: _____
Reach: _____

OVERALL THOUGHTS:

YOUTUBE

Followers @ Start: _____
Followers @ End: _____
Number of Posts: _____
Best Performing: _____
Engagement: _____
Reach: _____

BRAINSTORM next month

Major Events:	Posting Ideas:

Holidays:	Posting Ideas:

Seasonal Activities:	Posting Ideas:

National Days:	Posting Ideas:

Pop Culture:	Posting Ideas:

Business-related:	Posting Ideas:

MONTHLY overview

SUNDAY	MONDAY	TUESDAY	WEDNESDAY
○	○	○	○
○	○	○	○
○	○	○	○
○	○	○	○
○	○	○	○

THURSDAY	FRIDAY	SATURDAY	NOTES
◯	◯	◯	
◯	◯	◯	
◯	◯	◯	
◯	◯	◯	Time: 1: Use one day to create multiple content 2: Pick 2 20min slots a day to reply to comments
◯	◯	◯	3: Do not spend all day on social media 6: Schedule posts in advance

PREP CONTENT

ITEMS NEEDED
(Items for product shots, lighting, backdrops, props, etc...)

○ ————————————————   ○ ————————————————

○ ————————————————   ○ ————————————————

○ ————————————————   ○ ————————————————

○ ————————————————   ○ ————————————————

○ ————————————————   ○ ————————————————

○ ————————————————   ○ ————————————————

○ ————————————————   ○ ————————————————

POPULAR ACCOUNTS WITH SHARABLE CONTENT FOR THE MONTH:

Company	Topic to share:
○ ——————————————	——————————————
○ ——————————————	——————————————
○ ——————————————	——————————————
○ ——————————————	——————————————
○ ——————————————	——————————————
○ ——————————————	——————————————
○ ——————————————	——————————————
○ ——————————————	——————————————
○ ——————————————	——————————————
○ ——————————————	——————————————
○ ——————————————	——————————————

TIK TOK, REELS & STORY PREP

ITEMS NEEDED TO CREATE VIDEOS & STORIES
(props, lighting, backdrops, clothing, etc...)

- ○ ———————————————— ○ ————————————————
- ○ ———————————————— ○ ————————————————
- ○ ———————————————— ○ ————————————————
- ○ ———————————————— ○ ————————————————
- ○ ———————————————— ○ ————————————————

VIDEO IDEAS:

- ○ ———————————————— ○ ————————————————
- ○ ———————————————— ○ ————————————————
- ○ ———————————————— ○ ————————————————
- ○ ———————————————— ○ ————————————————
- ○ ———————————————— ○ ————————————————
- ○ ———————————————— ○ ————————————————
- ○ ———————————————— ○ ————————————————

STORY IDEAS:

- ○ ———————————————— ○ ————————————————
- ○ ———————————————— ○ ————————————————
- ○ ———————————————— ○ ————————————————
- ○ ———————————————— ○ ————————————————
- ○ ———————————————— ○ ————————————————
- ○ ———————————————— ○ ————————————————
- ○ ———————————————— ○ ————————————————

√	Media	Time	Content	Hashtag Group #	#Likes	#Com-ments	#Saves	#Click-through

MONDAY

DATE -----------------

- [ ]
- [ ]
- [ ]
- [ ]
- [ ]
- [ ]
- [ ]
- [ ]
- [ ]
- [ ]

TUESDAY

DATE -----------------

- [ ]
- [ ]
- [ ]
- [ ]
- [ ]
- [ ]
- [ ]
- [ ]
- [ ]
- [ ]

WEDNESDAY

DATE -----------------

- [ ]
- [ ]
- [ ]
- [ ]
- [ ]
- [ ]
- [ ]
- [ ]
- [ ]
- [ ]

√	Media	Time	Content	Hashtag Group #	#Likes	#Com-ments	#Saves	#Click-through

THURSDAY
DATE - - - - - - - - - - - - - - - - -

☐
☐
☐
☐
☐
☐
☐
☐
☐
☐

FRIDAY
DATE - - - - - - - - - - - - - - - - -

☐
☐
☐
☐
☐
☐
☐
☐
☐
☐

TIK TOK, REELS & LIVE for the week

☐
☐
☐
☐
☐
☐
☐
☐
☐
☐

√	Media	Time	Content	Hashtag Group #	#Likes	#Comments	#Saves	#Click-through

MONDAY

DATE ------------------

☐
☐
☐
☐
☐
☐
☐
☐
☐
☐

TUESDAY

DATE ------------------

☐
☐
☐
☐
☐
☐
☐
☐
☐
☐

WEDNESDAY

DATE ------------------

☐
☐
☐
☐
☐
☐
☐
☐
☐
☐

√	Media	Time	Content	Hashtag Group #	#Likes	#Comments	#Saves	#Click-through

THURSDAY

DATE - - - - - - - - - - - - - - - -

☐
☐
☐
☐
☐
☐
☐
☐
☐
☐

FRIDAY

DATE - - - - - - - - - - - - - - - -

☐
☐
☐
☐
☐
☐
☐
☐
☐
☐

TIK TOK, REELS & LIVE for the week

☐
☐
☐
☐
☐
☐
☐
☐
☐
☐

√	Media	Time	Content	Hashtag Group #	#Likes	#Comments	#Saves	#Click-through

MONDAY

DATE -----------------

- [ ]
- [ ]
- [ ]
- [ ]
- [ ]
- [ ]
- [ ]
- [ ]
- [ ]
- [ ]

TUESDAY

DATE -----------------

- [ ]
- [ ]
- [ ]
- [ ]
- [ ]
- [ ]
- [ ]
- [ ]
- [ ]
- [ ]

WEDNESDAY

DATE -----------------

- [ ]
- [ ]
- [ ]
- [ ]
- [ ]
- [ ]
- [ ]
- [ ]
- [ ]
- [ ]

√	Media	Time	Content	Hashtag Group #	#Likes	#Com-ments	#Saves	#Click-through

THURSDAY   DATE - - - - - - - - - - - - - - -

- [ ]
- [ ]
- [ ]
- [ ]
- [ ]
- [ ]
- [ ]
- [ ]
- [ ]
- [ ]

FRIDAY   DATE - - - - - - - - - - - - - - -

- [ ]
- [ ]
- [ ]
- [ ]
- [ ]
- [ ]
- [ ]
- [ ]
- [ ]
- [ ]

TIK TOK, REELS & LIVE for the week

- [ ]
- [ ]
- [ ]
- [ ]
- [ ]
- [ ]
- [ ]
- [ ]
- [ ]
- [ ]

√	Media	Time	Content		Hashtag Group #	#Likes	#Com-ments	#Saves	#Click-through

MONDAY

DATE -----------------

- [ ]
- [ ]
- [ ]
- [ ]
- [ ]
- [ ]
- [ ]
- [ ]
- [ ]
- [ ]

TUESDAY

DATE -----------------

- [ ]
- [ ]
- [ ]
- [ ]
- [ ]
- [ ]
- [ ]
- [ ]
- [ ]
- [ ]

WEDNESDAY

DATE -----------------

- [ ]
- [ ]
- [ ]
- [ ]
- [ ]
- [ ]
- [ ]
- [ ]
- [ ]
- [ ]

√	Media	Time	Content	Hashtag Group #	#Likes	#Com-ments	#Saves	#Click-through

THURSDAY

DATE -----------------

- [ ]
- [ ]
- [ ]
- [ ]
- [ ]
- [ ]
- [ ]
- [ ]
- [ ]
- [ ]

FRIDAY

DATE -----------------

- [ ]
- [ ]
- [ ]
- [ ]
- [ ]
- [ ]
- [ ]
- [ ]
- [ ]
- [ ]

TIK TOK, REELS & LIVE for the week

- [ ]
- [ ]
- [ ]
- [ ]
- [ ]
- [ ]
- [ ]
- [ ]
- [ ]
- [ ]

√	Media	Time	Content	Hashtag Group #	#Likes	#Comments	#Saves	#Click-through

MONDAY

DATE ------------------

☐
☐
☐
☐
☐
☐
☐
☐
☐
☐

TUESDAY

DATE ------------------

☐
☐
☐
☐
☐
☐
☐
☐
☐
☐

WEDNESDAY

DATE ------------------

☐
☐
☐
☐
☐
☐
☐
☐
☐
☐

√	Media	Time	Content	Hashtag Group #	#Likes	#Com-ments	#Saves	#Click-through

THURSDAY

DATE ----------------

- [ ]
- [ ]
- [ ]
- [ ]
- [ ]
- [ ]
- [ ]
- [ ]
- [ ]
- [ ]

FRIDAY

DATE ----------------

- [ ]
- [ ]
- [ ]
- [ ]
- [ ]
- [ ]
- [ ]
- [ ]
- [ ]
- [ ]

TIK TOK, REELS & LIVE for the week

- [ ]
- [ ]
- [ ]
- [ ]
- [ ]
- [ ]
- [ ]
- [ ]
- [ ]
- [ ]

MONTHLY analysis

INSTAGRAM

Followers @ Start: _____
Followers @ End: _____
Number of Posts: _____
Best Performing: _____
Interactions: _____
Reach: _____

INSTAGRAM REELS

Best Performing: _____
Interacations: _____

INSTAGRAM STORIES

Best Performing: _____
Interactions: _____
# of LIVE VIDEOS: _____

FACEBOOK

Followers @ Start: _____
Followers @ End: _____
Number of Posts: _____
Best Performing: _____
Interactions: _____
Reach: _____

FACEBOOK STORIES

Best Performing: _____
Interactions: _____

FACEBOOK LIVE

Best Performing: _____
Interactions: _____
# of LIVE VIDEOS: _____

PINTEREST

Followers @ Start: _____
Followers @ End: _____
Number of Posts: _____
Best Performing: _____
Engagement: _____
Reach: _____

TIK TOK

Followers @ Start: _____
Followers @ End: _____
Number of Posts: _____
Best Performing: _____
Engagement: _____
Reach: _____

TWITTER

Followers @ Start: _____
Followers @ End: _____
Number of Posts: _____
Best Performing: _____
Engagement: _____
Reach: _____

OVERALL THOUGHTS:

YOUTUBE

Followers @ Start: _____
Followers @ End: _____
Number of Posts: _____
Best Performing: _____
Engagement: _____
Reach: _____

BRAINSTORM next month

Major Events:	Posting Ideas:

Holidays:	Posting Ideas:

Seasonal Activities:	Posting Ideas:

National Days:	Posting Ideas:

Pop Culture:	Posting Ideas:

Business-related:	Posting Ideas:

MONTHLY overview

SUNDAY	MONDAY	TUESDAY	WEDNESDAY
○	○	○	○
○	○	○	○
○	○	○	○
○	○	○	○
○	○	○	○

THURSDAY	FRIDAY	SATURDAY	NOTES
◯	◯	◯	
◯	◯	◯	
◯	◯	◯	
◯	◯	◯	
◯	◯	◯	

Post Tips:
1: Use Canva templates to create engaging/ attractive posts

2: Don't be afraid to put yourself in photos & videos

3: Use a couple pointers, don't use a script

4: Good lighting

PREP CONTENT

ITEMS NEEDED
(Items for product shots, lighting, backdrops, props, etc...)

- ○ _____
- ○ _____
- ○ _____
- ○ _____
- ○ _____
- ○ _____
- ○ _____

- ○ _____
- ○ _____
- ○ _____
- ○ _____
- ○ _____
- ○ _____
- ○ _____

POPULAR ACCOUNTS WITH SHARABLE CONTENT FOR THE MONTH:

Company	Topic to share:
○ _____	_____
○ _____	_____
○ _____	_____
○ _____	_____
○ _____	_____
○ _____	_____
○ _____	_____
○ _____	_____
○ _____	_____
○ _____	_____
○ _____	_____

TIK TOK, REELS & STORY PREP

ITEMS NEEDED TO CREATE VIDEOS & STORIES
(props, lighting, backdrops, clothing, etc...)

○ _____   ○ _____

○ _____   ○ _____

○ _____   ○ _____

○ _____   ○ _____

○ _____   ○ _____

VIDEO IDEAS:

○ _____   ○ _____

○ _____   ○ _____

○ _____   ○ _____

○ _____   ○ _____

○ _____   ○ _____

○ _____   ○ _____

○ _____   ○ _____

STORY IDEAS:

○ _____   ○ _____

○ _____   ○ _____

○ _____   ○ _____

○ _____   ○ _____

○ _____   ○ _____

○ _____   ○ _____

○ _____   ○ _____

√	Media	Time	Content		Hashtag Group #	#Likes	#Comments	#Saves	#Click-through

MONDAY

DATE - - - - - - - - - - - - - - - - -

☐
☐
☐
☐
☐
☐
☐
☐
☐
☐

TUESDAY

DATE - - - - - - - - - - - - - - - - -

☐
☐
☐
☐
☐
☐
☐
☐
☐
☐

WEDNESDAY

DATE - - - - - - - - - - - - - - - - -

☐
☐
☐
☐
☐
☐
☐
☐
☐
☐

√	Media	Time	Content		Hashtag Group #	#Likes	#Comments	#Saves	#Click-through

THURSDAY   DATE ----------------

- [ ]
- [ ]
- [ ]
- [ ]
- [ ]
- [ ]
- [ ]
- [ ]
- [ ]
- [ ]

FRIDAY   DATE ----------------

- [ ]
- [ ]
- [ ]
- [ ]
- [ ]
- [ ]
- [ ]
- [ ]
- [ ]
- [ ]

TIK TOK, REELS & LIVE for the week

- [ ]
- [ ]
- [ ]
- [ ]
- [ ]
- [ ]
- [ ]
- [ ]
- [ ]
- [ ]

√	Media	Time	Content		Hashtag Group #	#Likes	#Com-ments	#Saves	#Click-through

MONDAY

DATE - - - - - - - - - - - - - - - - -

☐
☐
☐
☐
☐
☐
☐
☐
☐
☐

TUESDAY

DATE - - - - - - - - - - - - - - - - -

☐
☐
☐
☐
☐
☐
☐
☐
☐
☐

WEDNESDAY

DATE - - - - - - - - - - - - - - - - -

☐
☐
☐
☐
☐
☐
☐
☐
☐
☐

√	Media	Time	Content	Hashtag Group #	#Likes	#Com-ments	#Saves	#Click-through

THURSDAY

DATE ----------------

☐
☐
☐
☐
☐
☐
☐
☐
☐
☐

FRIDAY

DATE ----------------

☐
☐
☐
☐
☐
☐
☐
☐
☐
☐

TIK TOK, REELS & LIVE for the week

☐
☐
☐
☐
☐
☐
☐
☐
☐
☐

√	Media	Time	Content	Hashtag Group #	#Likes	#Com-ments	#Saves	#Click-through

MONDAY

DATE -----------------

- [ ]
- [ ]
- [ ]
- [ ]
- [ ]
- [ ]
- [ ]
- [ ]
- [ ]
- [ ]

TUESDAY

DATE -----------------

- [ ]
- [ ]
- [ ]
- [ ]
- [ ]
- [ ]
- [ ]
- [ ]
- [ ]
- [ ]

WEDNESDAY

DATE -----------------

- [ ]
- [ ]
- [ ]
- [ ]
- [ ]
- [ ]
- [ ]
- [ ]
- [ ]
- [ ]

√	Media	Time	Content	Hashtag Group #	#Likes	#Comments	#Saves	#Click-through

THURSDAY

DATE ----------------

- [ ]
- [ ]
- [ ]
- [ ]
- [ ]
- [ ]
- [ ]
- [ ]
- [ ]
- [ ]

FRIDAY

DATE ----------------

- [ ]
- [ ]
- [ ]
- [ ]
- [ ]
- [ ]
- [ ]
- [ ]
- [ ]
- [ ]

TIK TOK, REELS & LIVE for the week

- [ ]
- [ ]
- [ ]
- [ ]
- [ ]
- [ ]
- [ ]
- [ ]
- [ ]
- [ ]

√	Media	Time	Content		Hashtag Group #	#Likes	#Com- ments	#Saves	#Click- through

MONDAY

DATE - - - - - - - - - - - - - - - - -

☐
☐
☐
☐
☐
☐
☐
☐
☐
☐

TUESDAY

DATE - - - - - - - - - - - - - - - - -

☐
☐
☐
☐
☐
☐
☐
☐
☐
☐

WEDNESDAY

DATE - - - - - - - - - - - - - - - - -

☐
☐
☐
☐
☐
☐
☐
☐
☐
☐

THURSDAY   DATE - - - - - - - - - - - - - - - -

☐
☐
☐
☐
☐
☐
☐
☐
☐
☐

FRIDAY   DATE - - - - - - - - - - - - - - - -

☐
☐
☐
☐
☐
☐
☐
☐
☐
☐

TIK TOK, REELS & LIVE for the week

☐
☐
☐
☐
☐
☐
☐
☐
☐
☐

√	Media	Time	Content		Hashtag Group #	#Likes	#Comments	#Saves	#Click-through

MONDAY

DATE -----------------

- [ ]
- [ ]
- [ ]
- [ ]
- [ ]
- [ ]
- [ ]
- [ ]
- [ ]
- [ ]

TUESDAY

DATE -----------------

- [ ]
- [ ]
- [ ]
- [ ]
- [ ]
- [ ]
- [ ]
- [ ]
- [ ]
- [ ]

WEDNESDAY

DATE -----------------

- [ ]
- [ ]
- [ ]
- [ ]
- [ ]
- [ ]
- [ ]
- [ ]
- [ ]
- [ ]

√	Media	Time	Content	Hashtag Group #	#Likes	#Comments	#Saves	#Click-through

THURSDAY   DATE -----------------

☐
☐
☐
☐
☐
☐
☐
☐
☐
☐

FRIDAY   DATE -----------------

☐
☐
☐
☐
☐
☐
☐
☐
☐
☐

TIK TOK, REELS & LIVE for the week

☐
☐
☐
☐
☐
☐
☐
☐
☐
☐

MONTHLY analysis

INSTAGRAM
Followers @ Start: _____
Followers @ End: _____
Number of Posts: _____
Best Performing: _____
Interactions: _____
Reach: _____

INSTAGRAM REELS
Best Performing: _____
Interacations: _____
INSTAGRAM STORIES
Best Performing: _____
Interacations: _____
# of LIVE VIDEOS: _____

FACEBOOK
Followers @ Start: _____
Followers @ End: _____
Number of Posts: _____
Best Performing: _____
Interacations: _____
Reach: _____

FACEBOOK STORIES
Best Performing: _____
Interacations: _____
FACEBOOK LIVE
Best Performing: _____
Interacations: _____
# of LIVE VIDEOS: _____

PINTEREST
Followers @ Start: _____
Followers @ End: _____
Number of Posts: _____
Best Performing: _____
Engagement: _____
Reach: _____

TIK TOK
Followers @ Start: _____
Followers @ End: _____
Number of Posts: _____
Best Performing: _____
Engagement: _____
Reach: _____

TWITTER
Followers @ Start: _____
Followers @ End: _____
Number of Posts: _____
Best Performing: _____
Engagement: _____
Reach: _____

OVERALL THOUGHTS:

YOUTUBE
Followers @ Start: _____
Followers @ End: _____
Number of Posts: _____
Best Performing: _____
Engagement: _____
Reach: _____

BRAINSTORM next month

Major Events:	Posting Ideas:

Holidays:	Posting Ideas:

Seasonal Activities:	Posting Ideas:

National Days:	Posting Ideas:

Pop Culture:	Posting Ideas:

Business-related:	Posting Ideas:

MONTHLY overview

SUNDAY	MONDAY	TUESDAY	WEDNESDAY
○	○	○	○
○	○	○	○
○	○	○	○
○	○	○	○
○	○	○	○

THURSDAY	FRIDAY	SATURDAY	NOTES
◯	◯	◯	
◯	◯	◯	
◯	◯	◯	
◯	◯	◯	
◯	◯	◯	

Storytelling:
1: What are the core values

2: Who are you telling it to

3: Involve your customers

4: Be authentic

PREP CONTENT

ITEMS NEEDED
(Items for product shots, lighting, backdrops, props, etc...)

○ ——————————————   ○ ——————————————

○ ——————————————   ○ ——————————————

○ ——————————————   ○ ——————————————

○ ——————————————   ○ ——————————————

○ ——————————————   ○ ——————————————

○ ——————————————   ○ ——————————————

○ ——————————————   ○ ——————————————

POPULAR ACCOUNTS WITH SHARABLE CONTENT FOR THE MONTH:

Company   Topic to share:

○ ——————————————   ——————————————

○ ——————————————   ——————————————

○ ——————————————   ——————————————

○ ——————————————   ——————————————

○ ——————————————   ——————————————

○ ——————————————   ——————————————

○ ——————————————   ——————————————

○ ——————————————   ——————————————

○ ——————————————   ——————————————

○ ——————————————   ——————————————

○ ——————————————   ——————————————

TIK TOK, REELS & STORY PREP

ITEMS NEEDED TO CREATE VIDEOS & STORIES
(props, lighting, backdrops, clothing, etc...)

○ ————————————————   ○ ————————————————

○ ————————————————   ○ ————————————————

○ ————————————————   ○ ————————————————

○ ————————————————   ○ ————————————————

○ ————————————————   ○ ————————————————

VIDEO IDEAS:

○ ————————————————   ○ ————————————————

○ ————————————————   ○ ————————————————

○ ————————————————   ○ ————————————————

○ ————————————————   ○ ————————————————

○ ————————————————   ○ ————————————————

○ ————————————————   ○ ————————————————

○ ————————————————   ○ ————————————————

STORY IDEAS:

○ ————————————————   ○ ————————————————

○ ————————————————   ○ ————————————————

○ ————————————————   ○ ————————————————

○ ————————————————   ○ ————————————————

○ ————————————————   ○ ————————————————

○ ————————————————   ○ ————————————————

○ ————————————————   ○ ————————————————

√	Media	Time	Content		Hashtag Group #	#Likes	#Com- ments	#Saves	#Click- through

MONDAY

DATE -----------------

☐ _____

☐ _____

☐ _____

☐ _____

☐ _____

☐ _____

☐ _____

☐ _____

☐ _____

☐ _____

TUESDAY

DATE -----------------

☐ _____

☐ _____

☐ _____

☐ _____

☐ _____

☐ _____

☐ _____

☐ _____

☐ _____

☐ _____

WEDNESDAY

DATE -----------------

☐ _____

☐ _____

☐ _____

☐ _____

☐ _____

☐ _____

☐ _____

☐ _____

☐ _____

☐ _____

√	Media	Time	Content	Hashtag Group #	#Likes	#Com-ments	#Saves	#Click-through

THURSDAY

DATE - - - - - - - - - - - - - - - - -

- [ ]
- [ ]
- [ ]
- [ ]
- [ ]
- [ ]
- [ ]
- [ ]
- [ ]
- [ ]

FRIDAY

DATE - - - - - - - - - - - - - - - - -

- [ ]
- [ ]
- [ ]
- [ ]
- [ ]
- [ ]
- [ ]
- [ ]
- [ ]
- [ ]

TIK TOK, REELS & LIVE for the week

- [ ]
- [ ]
- [ ]
- [ ]
- [ ]
- [ ]
- [ ]
- [ ]
- [ ]
- [ ]

√	Media	Time	Content	Hashtag Group #	#Likes	#Comments	#Saves	#Click-through

MONDAY

DATE -----------------

☐
☐
☐
☐
☐
☐
☐
☐
☐
☐

TUESDAY

DATE -----------------

☐
☐
☐
☐
☐
☐
☐
☐
☐
☐

WEDNESDAY

DATE -----------------

☐
☐
☐
☐
☐
☐
☐
☐
☐
☐

THURSDAY
DATE -----------------

- [ ]
- [ ]
- [ ]
- [ ]
- [ ]
- [ ]
- [ ]
- [ ]
- [ ]
- [ ]

FRIDAY
DATE -----------------

- [ ]
- [ ]
- [ ]
- [ ]
- [ ]
- [ ]
- [ ]
- [ ]
- [ ]
- [ ]

TIK TOK, REELS & LIVE for the week

- [ ]
- [ ]
- [ ]
- [ ]
- [ ]
- [ ]
- [ ]
- [ ]
- [ ]
- [ ]

√	Media	Time	Content	Hashtag Group #	#Likes	#Comments	#Saves	#Clickthrough

MONDAY

DATE ------------------

- [ ]
- [ ]
- [ ]
- [ ]
- [ ]
- [ ]
- [ ]
- [ ]
- [ ]
- [ ]

TUESDAY

DATE ------------------

- [ ]
- [ ]
- [ ]
- [ ]
- [ ]
- [ ]
- [ ]
- [ ]
- [ ]
- [ ]

WEDNESDAY

DATE ------------------

- [ ]
- [ ]
- [ ]
- [ ]
- [ ]
- [ ]
- [ ]
- [ ]
- [ ]
- [ ]

√	Media	Time	Content	Hashtag Group #	#Likes	#Comments	#Saves	#Click-through

THURSDAY

DATE -----------------

☐
☐
☐
☐
☐
☐
☐
☐
☐
☐

FRIDAY

DATE -----------------

☐
☐
☐
☐
☐
☐
☐
☐
☐
☐

TIK TOK, REELS & LIVE for the week

☐
☐
☐
☐
☐
☐
☐
☐
☐
☐

√	Media	Time	Content	Hashtag Group #	#Likes	#Com-ments	#Saves	#Click-through

MONDAY

DATE - - - - - - - - - - - - - - - - -

☐ ____
☐ ____
☐ ____
☐ ____
☐ ____
☐ ____
☐ ____
☐ ____
☐ ____
☐ ____

TUESDAY

DATE - - - - - - - - - - - - - - - - -

☐ ____
☐ ____
☐ ____
☐ ____
☐ ____
☐ ____
☐ ____
☐ ____
☐ ____
☐ ____

WEDNESDAY

DATE - - - - - - - - - - - - - - - - -

☐ ____
☐ ____
☐ ____
☐ ____
☐ ____
☐ ____
☐ ____
☐ ____
☐ ____
☐ ____

√	Media	Time	Content	Hashtag Group #	#Likes	#Com-ments	#Saves	#Click-through

THURSDAY

DATE -----------------

- [ ]
- [ ]
- [ ]
- [ ]
- [ ]
- [ ]
- [ ]
- [ ]
- [ ]
- [ ]

FRIDAY

DATE -----------------

- [ ]
- [ ]
- [ ]
- [ ]
- [ ]
- [ ]
- [ ]
- [ ]
- [ ]
- [ ]

TIK TOK, REELS & LIVE for the week

- [ ]
- [ ]
- [ ]
- [ ]
- [ ]
- [ ]
- [ ]
- [ ]
- [ ]
- [ ]

√	Media	Time	Content	Hashtag Group #	#Likes	#Comments	#Saves	#Clickthrough

MONDAY

DATE ------------------

- [ ]
- [ ]
- [ ]
- [ ]
- [ ]
- [ ]
- [ ]
- [ ]
- [ ]
- [ ]

TUESDAY

DATE ------------------

- [ ]
- [ ]
- [ ]
- [ ]
- [ ]
- [ ]
- [ ]
- [ ]
- [ ]
- [ ]

WEDNESDAY

DATE ------------------

- [ ]
- [ ]
- [ ]
- [ ]
- [ ]
- [ ]
- [ ]
- [ ]
- [ ]
- [ ]

THURSDAY   DATE ----------------

☐
☐
☐
☐
☐
☐
☐
☐
☐
☐

FRIDAY   DATE ----------------

☐
☐
☐
☐
☐
☐
☐
☐
☐
☐

TIK TOK, REELS & LIVE for the week

☐
☐
☐
☐
☐
☐
☐
☐
☐
☐

MONTHLY analysis

INSTAGRAM
Followers @ Start: _____
Followers @ End: _____
Number of Posts: _____
Best Performing: _____
Interactions: _____
Reach: _____

INSTAGRAM REELS
Best Performing: _____
Interactions: _____

INSTAGRAM STORIES
Best Performing: _____
Interactions: _____
# of LIVE VIDEOS: _____

FACEBOOK
Followers @ Start: _____
Followers @ End: _____
Number of Posts: _____
Best Performing: _____
Interactions: _____
Reach: _____

FACEBOOK STORIES
Best Performing: _____
Interacations: _____

FACEBOOK LIVE
Best Performing: _____
Interactions: _____
# of LIVE VIDEOS: _____

PINTEREST
Followers @ Start: _____
Followers @ End: _____
Number of Posts: _____
Best Performing: _____
Engagement: _____
Reach: _____

TIK TOK
Followers @ Start: _____
Followers @ End: _____
Number of Posts: _____
Best Performing: _____
Engagement: _____
Reach: _____

TWITTER
Followers @ Start: _____
Followers @ End: _____
Number of Posts: _____
Best Performing: _____
Engagement: _____
Reach: _____

OVERALL THOUGHTS:

YOUTUBE
Followers @ Start: _____
Followers @ End: _____
Number of Posts: _____
Best Performing: _____
Engagement: _____
Reach: _____

BRAINSTORM next month

Major Events:	Posting Ideas:

Holidays:	Posting Ideas:

Seasonal Activities:	Posting Ideas:

National Days:	Posting Ideas:

Pop Culture:	Posting Ideas:

Business-related:	Posting Ideas:

MONTHLY overview

SUNDAY	MONDAY	TUESDAY	WEDNESDAY
○	○	○	○
○	○	○	○
○	○	○	○
○	○	○	○
○	○	○	○

THURSDAY	FRIDAY	SATURDAY	NOTES
◯	◯	◯	
◯	◯	◯	
◯	◯	◯	
◯	◯	◯	
◯	◯	◯	

Engagement:
1: Ask questions

2: Reply to your audience

3: Use followers photos (with permission)

6: Use LIVE videos to answer questions

PREP CONTENT

ITEMS NEEDED
(Items for product shots, lighting, backdrops, props, etc...)

○ _____   ○ _____

○ _____   ○ _____

○ _____   ○ _____

○ _____   ○ _____

○ _____   ○ _____

○ _____   ○ _____

○ _____   ○ _____

POPULAR ACCOUNTS WITH SHARABLE CONTENT FOR THE MONTH:

Company	Topic to share:
○ _____	_____
○ _____	_____
○ _____	_____
○ _____	_____
○ _____	_____
○ _____	_____
○ _____	_____
○ _____	_____
○ _____	_____
○ _____	_____
○ _____	_____

TIK TOK, REELS & STORY PREP

ITEMS NEEDED TO CREATE VIDEOS & STORIES
(props, lighting, backdrops, clothing, etc...)

○ _____   ○ _____

○ _____   ○ _____

○ _____   ○ _____

○ _____   ○ _____

○ _____   ○ _____

VIDEO IDEAS:

○ _____   ○ _____

○ _____   ○ _____

○ _____   ○ _____

○ _____   ○ _____

○ _____   ○ _____

○ _____   ○ _____

○ _____   ○ _____

STORY IDEAS:

○ _____   ○ _____

○ _____   ○ _____

○ _____   ○ _____

○ _____   ○ _____

○ _____   ○ _____

○ _____   ○ _____

○ _____   ○ _____

√	Media	Time	Content		Hashtag Group #	#Likes	#Comments	#Saves	#Click-through

MONDAY

DATE -----------------

☐								
☐								
☐								
☐								
☐								
☐								
☐								
☐								
☐								
☐								

TUESDAY

DATE -----------------

☐								
☐								
☐								
☐								
☐								
☐								
☐								
☐								
☐								
☐								

WEDNESDAY

DATE -----------------

☐								
☐								
☐								
☐								
☐								
☐								
☐								
☐								
☐								
☐								

√	Media	Time	Content	Hashtag Group #	#Likes	#Comments	#Saves	#Click-through

THURSDAY   DATE ----------------

☐
☐
☐
☐
☐
☐
☐
☐
☐
☐

FRIDAY   DATE ----------------

☐
☐
☐
☐
☐
☐
☐
☐
☐
☐

TIK TOK, REELS & LIVE for the week

☐
☐
☐
☐
☐
☐
☐
☐
☐
☐

√	Media	Time	Content	Hashtag Group #	#Likes	#Comments	#Saves	#Click-through

MONDAY

DATE ------------------

- [ ]
- [ ]
- [ ]
- [ ]
- [ ]
- [ ]
- [ ]
- [ ]
- [ ]
- [ ]

TUESDAY

DATE ------------------

- [ ]
- [ ]
- [ ]
- [ ]
- [ ]
- [ ]
- [ ]
- [ ]
- [ ]
- [ ]

WEDNESDAY

DATE ------------------

- [ ]
- [ ]
- [ ]
- [ ]
- [ ]
- [ ]
- [ ]
- [ ]
- [ ]
- [ ]

√	Media	Time	Content		Hashtag Group #	#Likes	#Comments	#Saves	#Click-through

THURSDAY

DATE - - - - - - - - - - - - - - - -

☐
☐
☐
☐
☐
☐
☐
☐
☐
☐

FRIDAY

DATE - - - - - - - - - - - - - - - -

☐
☐
☐
☐
☐
☐
☐
☐
☐
☐

TIK TOK, REELS & LIVE for the week

☐
☐
☐
☐
☐
☐
☐
☐
☐
☐

√	Media	Time	Content		Hashtag Group #	#Likes	#Comments	#Saves	#Click-through

MONDAY

DATE - - - - - - - - - - - - - - - -

- [ ]
- [ ]
- [ ]
- [ ]
- [ ]
- [ ]
- [ ]
- [ ]
- [ ]
- [ ]

TUESDAY

DATE - - - - - - - - - - - - - - - -

- [ ]
- [ ]
- [ ]
- [ ]
- [ ]
- [ ]
- [ ]
- [ ]
- [ ]
- [ ]

WEDNESDAY

DATE - - - - - - - - - - - - - - - -

- [ ]
- [ ]
- [ ]
- [ ]
- [ ]
- [ ]
- [ ]
- [ ]
- [ ]
- [ ]

√	Media	Time	Content	Hashtag Group #	#Likes	#Com-ments	#Saves	#Click-through

THURSDAY   DATE - - - - - - - - - - - - - - - -

☐
☐
☐
☐
☐
☐
☐
☐
☐
☐

FRIDAY   DATE - - - - - - - - - - - - - - - -

☐
☐
☐
☐
☐
☐
☐
☐
☐
☐

TIK TOK, REELS & LIVE for the week

☐
☐
☐
☐
☐
☐
☐
☐
☐
☐

√	Media	Time	Content		Hashtag Group #	#Likes	#Comments	#Saves	#Click-through

MONDAY

DATE -----------------

☐								
☐								
☐								
☐								
☐								
☐								
☐								
☐								
☐								
☐								

TUESDAY

DATE -----------------

☐								
☐								
☐								
☐								
☐								
☐								
☐								
☐								
☐								
☐								

WEDNESDAY

DATE -----------------

☐								
☐								
☐								
☐								
☐								
☐								
☐								
☐								
☐								
☐								

THURSDAY
DATE -----------------

☐
☐
☐
☐
☐
☐
☐
☐
☐
☐

FRIDAY
DATE -----------------

☐
☐
☐
☐
☐
☐
☐
☐
☐
☐

TIK TOK, REELS & LIVE for the week

☐
☐
☐
☐
☐
☐
☐
☐
☐
☐

√	Media	Time	Content	Hashtag Group #	#Likes	#Com-ments	#Saves	#Click-through

MONDAY   DATE ------------------

- [ ]
- [ ]
- [ ]
- [ ]
- [ ]
- [ ]
- [ ]
- [ ]
- [ ]
- [ ]

TUESDAY   DATE ------------------

- [ ]
- [ ]
- [ ]
- [ ]
- [ ]
- [ ]
- [ ]
- [ ]
- [ ]
- [ ]

WEDNESDAY   DATE ------------------

- [ ]
- [ ]
- [ ]
- [ ]
- [ ]
- [ ]
- [ ]
- [ ]
- [ ]
- [ ]

THURSDAY

DATE -----------------

- [ ]
- [ ]
- [ ]
- [ ]
- [ ]
- [ ]
- [ ]
- [ ]
- [ ]
- [ ]

FRIDAY

DATE -----------------

- [ ]
- [ ]
- [ ]
- [ ]
- [ ]
- [ ]
- [ ]
- [ ]
- [ ]
- [ ]

TIK TOK, REELS & LIVE for the week

- [ ]
- [ ]
- [ ]
- [ ]
- [ ]
- [ ]
- [ ]
- [ ]
- [ ]
- [ ]

MONTHLY analysis

INSTAGRAM
Followers @ Start: _____
Followers @ End: _____
Number of Posts: _____
Best Performing: _____
Interactions: _____
Reach: _____

INSTAGRAM REELS
Best Performing: _____
Interacations: _____
INSTAGRAM STORIES
Best Performing: _____
Interacations: _____
# of LIVE VIDEOS: _____

FACEBOOK
Followers @ Start: _____
Followers @ End: _____
Number of Posts: _____
Best Performing: _____
Interactions: _____
Reach: _____

FACEBOOK STORIES
Best Performing: _____
Interacations: _____
FACEBOOK LIVE
Best Performing: _____
Interacations: _____
# of LIVE VIDEOS: _____

PINTEREST
Followers @ Start: _____
Followers @ End: _____
Number of Posts: _____
Best Performing: _____
Engagement: _____
Reach: _____

TIK TOK
Followers @ Start: _____
Followers @ End: _____
Number of Posts: _____
Best Performing: _____
Engagement: _____
Reach: _____

TWITTER
Followers @ Start: _____
Followers @ End: _____
Number of Posts: _____
Best Performing: _____
Engagement: _____
Reach: _____

OVERALL THOUGHTS:

YOUTUBE
Followers @ Start: _____
Followers @ End: _____
Number of Posts: _____
Best Performing: _____
Engagement: _____
Reach: _____

RESOURCES

HASHTAG groups

Organize your hashtags by groups.

HASHTAG GROUP #: _____

_____

_____

_____

_____

_____

HASHTAG GROUP #: _____

_____

_____

_____

_____

_____

HASHTAG GROUP #: _____

_____

_____

_____

_____

_____

HASHTAG GROUP #: _____

_____

_____

_____

_____

_____

HASHTAG GROUP #: _____

_____

_____

_____

_____

HASHTAG GROUP #: _____

_____

_____

_____

_____

_____

HASHTAG GROUP #: _____

_____

_____

_____

_____

_____

HASHTAG GROUP #: _____

_____

_____

_____

_____

_____

HASHTAG GROUP #: _____

_____

_____

_____

_____

_____

Monday: #monday, #mondays, #mondaymorning, #mondaymotivation, #mondayblues,
            #mancrushmonday, #musicmonday, #ManicMonday, #MindfulMonday, #MondayThoughts
Tuesday: #tuesday, #tiptuesday, #takemebacktuesday, #tunesday, #transformationtuesday
            #TechTuesday, #TrendyTuesday, #TuesdayTips, #TuesdayTruths, #TuesdayTunes
Wednesday: #wednesday, #humpday, #wednesdayworkout, #woofwednesday, #WanderlustWednesday
            #WednesdayMotivation, #WednesdayVibes, #WednesdayWisdom, #WellnessWednesday
Thursday: #thursday, #throwbackthursday, #thursdaythoughts, #ThankfulThursday, #ThirstyThursdays
            #ThiinkPositiveThursday, #ThursdayVibes, #ThursdayNight, #HappyThursday, #TBThursday
Friday: #friday, #followfriday, #ff, #fridaynight, #afterworkdrinks, #FashionFriday, #FitnessFriday
            #FoodieFriday, #FridayFacts, #FridayFeeling, #FridayFun, #FridayReads, #Friyay, #Fryday
Saturday: #saturday, #weekend, #saturdaynight, #Caturday, #SaturdayMorningGroove
            #SaturdaySpecial, #SaturdayStyle , #SaturdaySwag, #SaturdaySweat
Sunday: #sunday, #weekend, #sundayfunday, #selfiesunday, #SundayAfternoon, #SundayBrunch
            #SundayEssentials, #SundayMorning, #SundayMood, #SundaySale, #SundaySun

TO DO:

○ ————————————————   ○ ————————————————

○ ————————————————   ○ ————————————————

○ ————————————————   ○ ————————————————

○ ————————————————   ○ ————————————————

○ ————————————————   ○ ————————————————

○ ————————————————   ○ ————————————————

○ ————————————————   ○ ————————————————

○ ————————————————   ○ ————————————————

○ ————————————————   ○ ————————————————

○ ————————————————   ○ ————————————————

○ ————————————————   ○ ————————————————

○ ————————————————   ○ ————————————————

○ ————————————————   ○ ————————————————

○ ————————————————   ○ ————————————————

○ ————————————————   ○ ————————————————

○ ————————————————   ○ ————————————————

○ ————————————————   ○ ————————————————

○ ————————————————   ○ ————————————————

○ ————————————————   ○ ————————————————

○ ————————————————   ○ ————————————————

future IDEAS:

- ○ _____
- ○ _____
- ○ _____
- ○ _____
- ○ _____
- ○ _____
- ○ _____
- ○ _____
- ○ _____
- ○ _____
- ○ _____
- ○ _____
- ○ _____
- ○ _____
- ○ _____
- ○ _____
- ○ _____
- ○ _____
- ○ _____
- ○ _____

- ○ _____
- ○ _____
- ○ _____
- ○ _____
- ○ _____
- ○ _____
- ○ _____
- ○ _____
- ○ _____
- ○ _____
- ○ _____
- ○ _____
- ○ _____
- ○ _____
- ○ _____
- ○ _____
- ○ _____
- ○ _____
- ○ _____
- ○ _____

NOTES:

NOTES:

Don't forget to purchase your next 6-month social media planner!

Thanks for leaving a review!

If you have any suggestions or additions you'd like to see in the next planner
Email: adventineerink@gmail.com

Made in the USA
Middletown, DE
14 May 2022